I0797646

Esturiones beluga

Grace Hansen

Abdo Kids Jumbo es una subdivisión de Abdo Kids
abdobooks.com

abdobooks.com

Published by Abdo Kids, a division of ABDO, P.O. Box 398166, Minneapolis, Minnesota 55439.

102018

012019

Spanish Translator: Maria Puchol

Photo Credits: Alamy, Getty Images, iStock, Minden Pictures, Shutterstock

Production Contributors: Teddy Borth, Jennie Forsberg, Grace Hansen

Design Contributors: Dorothy Toth, Laura Mitchell

Library of Congress Control Number: 2018953920

Publisher's Cataloging-in-Publication Data

Names: Hansen, Grace, author.

Title: Esturiones beluga / by Grace Hansen.

Other title: Beluga sturgeons

Description: Minneapolis, Minnesota : Abdo Kids, 2019 | Series: Especies extraordinarias | Includes online resources and index.

Identifiers: ISBN 9781532184079 (lib. bdg.) | ISBN 9781532185151 (ebook)

Subjects: LCSH: Sturgeons--Juvenile literature. | Body size--Juvenile literature. | Animals--Size--Juvenile literature. | Animal Behavior--Juvenile literature. | Spanish language materials--Juvenile literature.

Classification: DDC 597.4--dc23

Contenido

¡Peces grandes y viejos!

Los beluga son los esturiones más grandes de su **especie**. ¡También son los peces **de agua dulce** más grandes del mundo!

Los esturiones beluga solamente pasan parte de su vida en agua dulce. El resto del tiempo lo pasan en agua salada. Viven en el mar Negro y en el mar Caspio, cerca de Rusia.

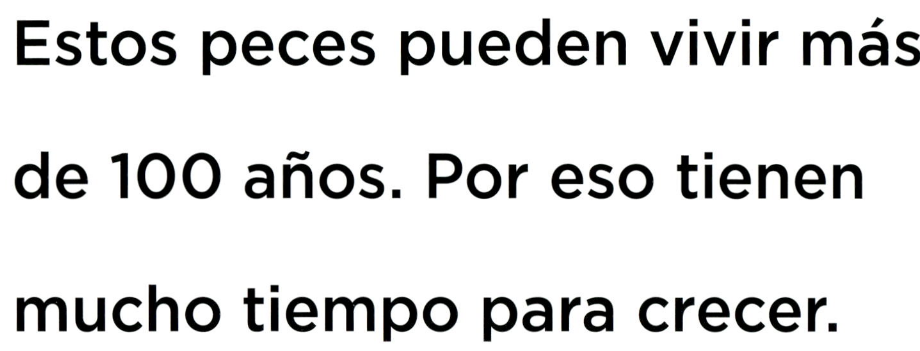

Estos peces pueden vivir más de 100 años. Por eso tienen mucho tiempo para crecer.

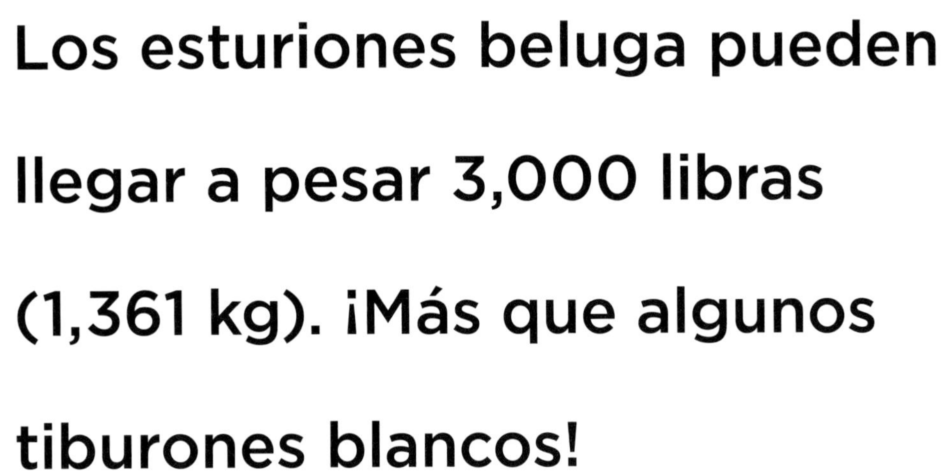

Los esturiones beluga pueden llegar a pesar 3,000 libras (1,361 kg). ¡Más que algunos tiburones blancos!

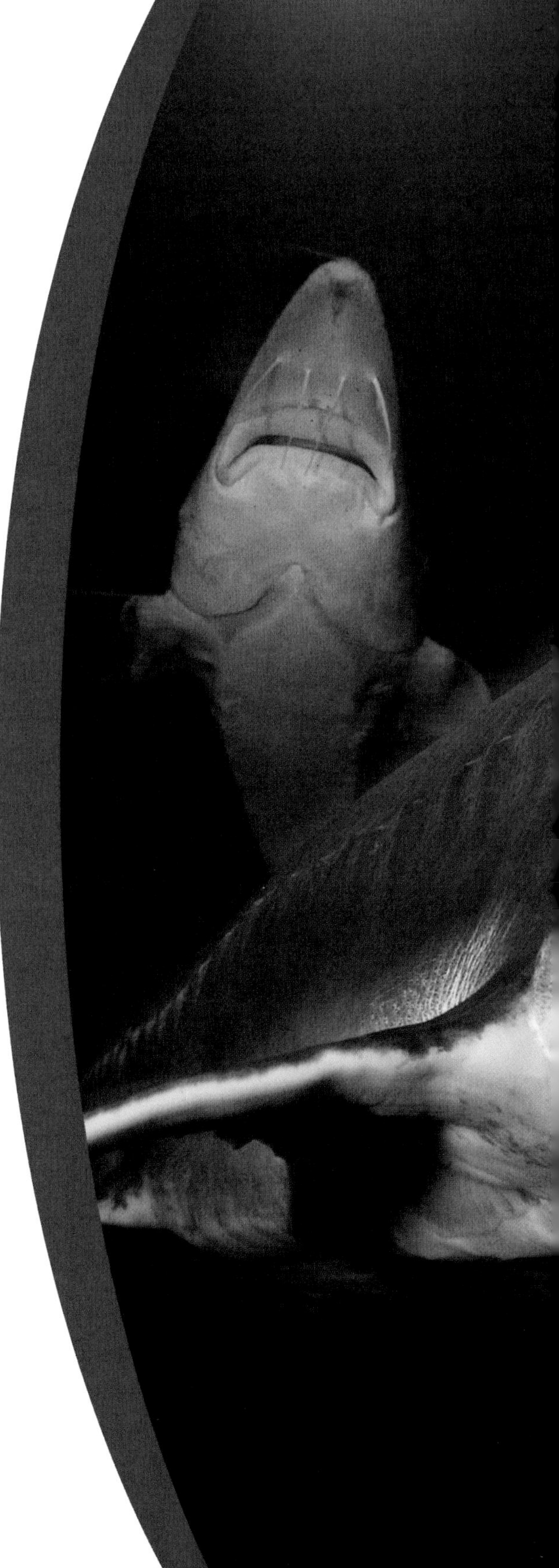

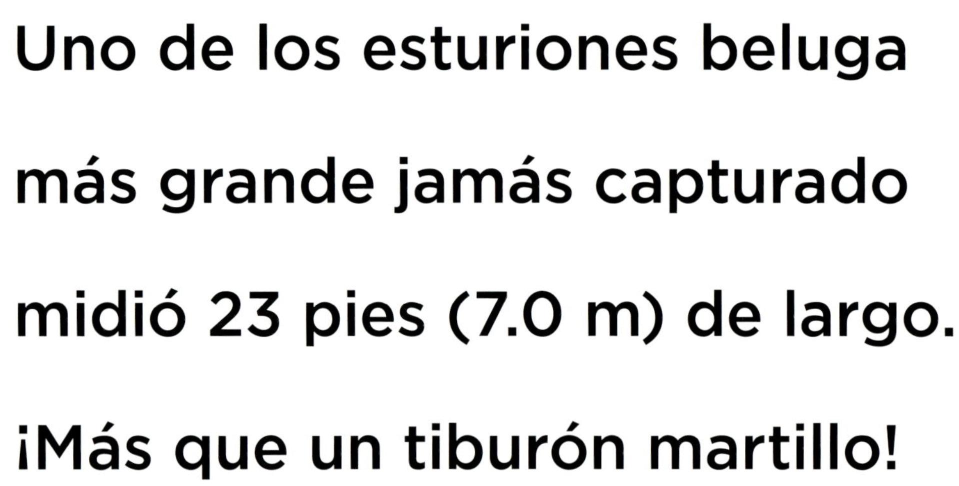

Uno de los esturiones beluga más grande jamás capturado midió 23 pies (7.0 m) de largo. ¡Más que un tiburón martillo!

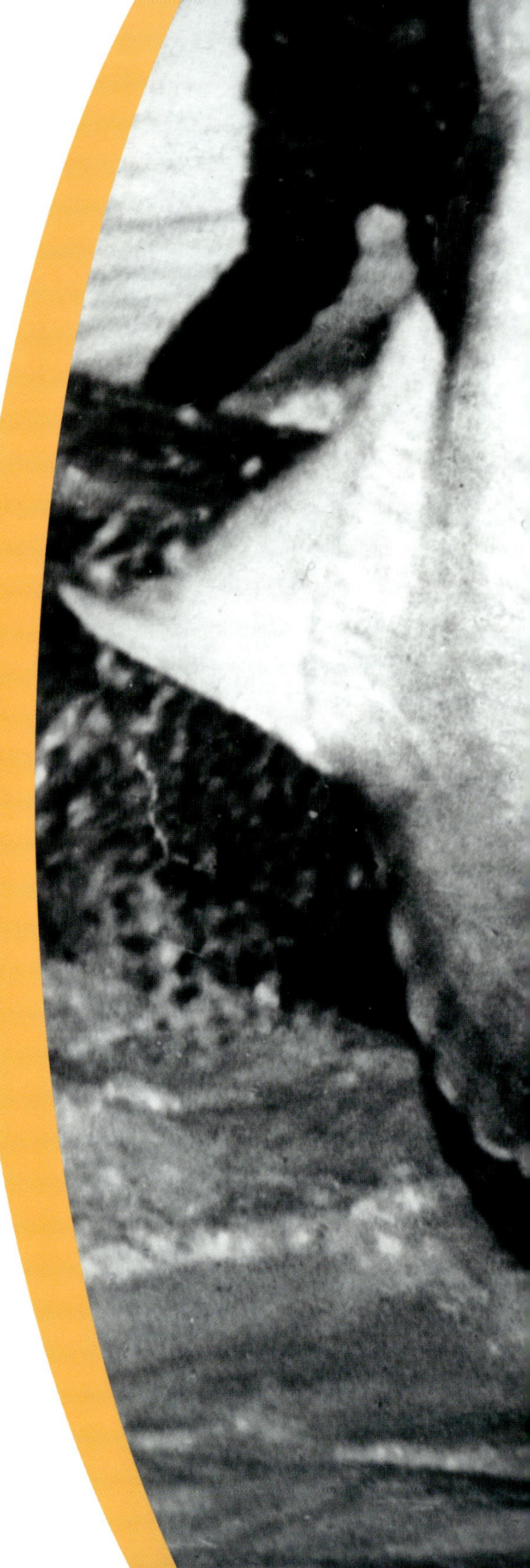

Alimentación

Los esturiones beluga tienen que comer mucho. Comen todo lo que les cabe en su enorme boca. Esto incluye otros peces e **invertebrados**.

Crías de esturiones beluga

Los esturiones beluga adultos están listos para **desovar** en la primavera. Para ello nadan de regreso a los ríos **de agua dulce**.

Las hembras ponen miles de huevos de una vez. Los huevos eclosionan pocos días después.

Los **alevines** nadan hacia el mar. Se alimentan por el camino. Les llevará muchos años alcanzar el tamaño de sus padres.

Más datos

- Los esturiones beluga nacen en ríos **de agua dulce**. Nadan hacia el mar después de nacer. Cuando están listos para **desovar** nadan de regreso a los ríos.
- El tamaño promedio de estos peces ha disminuido. El exceso de pesca no les deja vivir lo suficiente para crecer más.
- Beluga viene del ruso, significa "blanco".

Glosario

alevín – pez joven.

de agua dulce – que vive en aguas que no son de mar.

desovar – poner un gran número de huevos.

especie – grupo específico de animales con similitudes entre ellos y capacidad de reproducirse.

invertebrado – animal sin columna vertebral.

Índice

¡Visita nuestra página **abdokids.com** y usa este código para tener acceso a juegos, manualidades, videos y mucho más!